열 살에 시작하는 재미있는 철학 수업!

열 살에 시작하는 재미있는 철학 수업!

EBS 철학 학교 2

초판 1쇄 발행 2017년 3월 20일
초판 2쇄 발행 2020년 1월 17일

기획   EBS 미디어
글   EBS 〈스쿨랜드 철학〉 제작팀(남선숙 CP, 최수진 PD, 김명진 · 장혜진 · 임정화 작가)
그림   이지후 · 지우
감수   이지애(이화여자대학교 철학과 부교수)

펴낸곳   (주)가나문화콘텐츠
펴낸이   김남전
편집   이보라
디자인   정란
마케팅   정상원 한웅 정용민 김건우
경영관리 임종열 김하은

출판 등록   2002년 2월 15일 제10-2308호
주   소   경기도 고양시 덕양구 호원길 3-2
전   화   02-717-5494(편집부) 02-332-7755(관리부)
팩   스   02-324-9944
홈페이지   ganapub.com
이 메 일   ganapub@naver.com

2017 ⓒ EBS, All rights reserved. / 기획 EBS MEDIA

ISBN 978-89-5736-904-3 74190
     978-89-5336-905-0 (세트)

* 책값은 뒤표지에 표시되어 있습니다.
* 이 책의 내용을 재사용하려면 반드시 저작권자와 (주)가나문화콘텐츠 양측의 동의를 얻어야 합니다.
* 잘못된 책은 구입하신 서점에서 바꾸어 드립니다.
* '가나출판사'는 (주)가나문화콘텐츠의 출판 브랜드입니다.

| 사진 제공 |
20쪽 위키미디어 공용, 셔터스톡 ⓒTatree Saengmeeanuphab / Shutterstock.com, 52쪽 셔터스톡 ⓒcatwalker / Shutterstock.com, 80쪽 셔터스톡

이 도서의 국립중앙도서관 출판시도서목록(CIP)은 서지정보유통지원시스템 홈페이지(http://seoji.nl.go.kr)와
국가자료공동목록시스템(http://www.nl.go.kr/kolisnet)에서 이용하실 수 있습니다.(CIP제어번호: CIP2017006597)

- 제조자명 : 가나출판사
- 주소 및 전화번호 : 경기도 고양시 덕양구 호원길 3-2 / 02-717-5494
- 제조연월 : 2020년 1월 10일
- 제조국명 : 대한민국
- 사용연령 : 4세 이상 어린이 제품

열 살에 시작하는 재미있는 철학 수업!

EBS 철학학교 2

기획 **EBS 미디어**
글 **EBS 〈스쿨랜드 철학〉 제작팀**
그림 **이지후·지우**
감수 **이지애** (이화여자대학교 철학과 부교수)

재미있게 읽고, 신나게 토론하는 16가지 철학 이야기!

아빠가 맛없는 음식을 먹으면서도 맛있다고 말하고, 나는 거울을 볼 때마다 못생긴 것 같아 속상한데 엄마는 나에게 세상에서 제일 예쁘다고 말할 때, 우리들 마음 속에는 여러 가지 궁금증이 생깁니다.

"거짓말을 해도 된다고?"
"정말 예쁘다는 기준은 보는 사람에 따라 다른 건가?"

《EBS 철학 학교》는 이처럼 일상에서 느끼는 여러 가지 궁금증과 엉뚱한 질문들로 시작합니다.

또래 친구인 다나가 학교와 집에서 겪는 일들을 통해 우리가 꼭 생각해야 할 16가지 주제들을 담고 있지요. 다나와 어린이 독자들이 던진 질문들 가운데는 철학자들이 꽤 오랫동안 고민해 왔던 주제들도 많답니다.

남을 위해서 하는 '착한 거짓말'은 해도 되는지 하면 안 되는지, 동물을 사랑하면서 먹을 수 있을지 먹으면 안 되는지 등 나라면 어떤 선택을 할지부터 사랑, 시간, 자아 등 철학적 주제까지 다양한 내용을 담고 있지요.

여러분도 가끔 풀리지 않는 엉뚱한 질문들이 떠오를 때가 있지요? 하지만 그것은 결코 쓸데없는 질문이 아닙니다. 여러분 마음 속의 질문들을 더 깊이 생각해 나간다면 아주 새롭고 놀라운 세계가 펼쳐질 수도 있답니다. 인간은

　꼬리에 꼬리를 물고 생겨나는 수많은 물음에 답을 찾으려고 여러 가지 생각을 하면서 다양한 학문 분야를 만들고 발전시켜 왔기 때문입니다.

　철학은 우리가 품은 질문을 더 높은 차원의 생각으로 이끌어 주는 역할을 합니다. 우리가 학교와 집에서 부딪히는 여러 가지 문제들을 스스로 그리고 함께 해결해 나갈 수 있도록 지혜의 길을 열어 줍니다. 그래서 여러분이 《EBS 철학 학교》를 읽어가는 동안 아마도 평소에 갖지 않았던 새로운 질문들이 생기고, 그 물음들에 대해 가족, 친구들과 더 자주 이야기하고 싶고, 열띤 토론도 하고 싶어질 것입니다.

　《EBS 철학 학교》를 손에 든 여러분은 이제 잠깐 지나가는 방송 내용을 여유 있게 읽을 수 있고, 더 깊이 생각할 수 있습니다. 더욱이 《EBS 철학 학교》에는 스스로 생각해볼 수 있는 질문들과 친구들과 함께 토론할 수 있는 내용들이 많이 있어서, 여러분을 한 걸음 더 '철학하는 세계'로 이끌어 줄 것입니다.

　'철학하는 기쁨'으로 하루하루를 활기차게 살아가는 친구들이 되길 바랍니다.

지혜를 사랑하는 철학 선생님
이화여자대학교 철학과 부교수 **이지애**

이 책의 구성

《EBS 철학 학교》 이렇게 구성되었어요!

다나의 일기

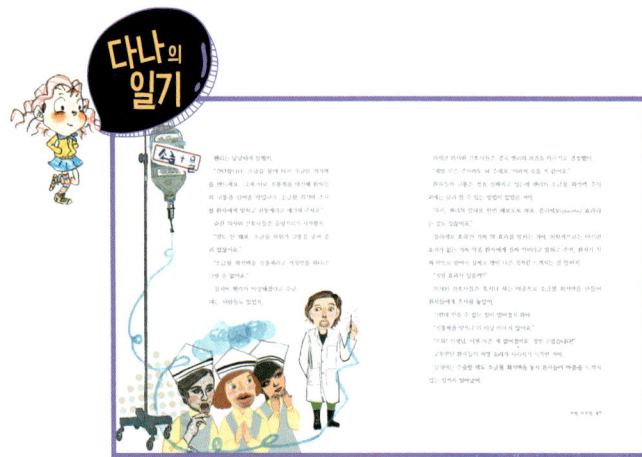

다나가 학교와 집에서 느끼는 여러 가지 궁금증과 질문을 재미있는 만화로 만나요!

속울렁테스의 철학 이야기

세상에서 가장 재미있는 괴짜 철학자! 속울렁테스가 동화와 실제로 있었던 일, 여러 가지 실험과 연구 결과 등 다양한 이야기를 들려줘요.

속울렁테스의 철학 특강

우리가 꼭 생각해야 할 철학 주제들을 속울렁테스가 좀 더 쉽고 재미있게 설명해 준답니다.

속울렁테스의 철학 이야기와 철학 특강을 들으면서 나의 생각이 정리가 되었나요? 내가 내린 결정과 나의 생각은 뭔지 차근차근 써 보세요.

다나가 속울렁테스의 이야기를 듣고 어떻게 달라졌을지 궁금하다고요? 다나의 뒷이야기를 만화로 만나보세요.

EBS 〈스쿨랜드 철학〉으로 연결되는 QR코드랍니다. 스마트폰으로 QR코드를 찍어서 EBS에서 방송되고 있는 해당 영상도 함께 보세요.

차례

추천하는 글 • 4
이 책의 구성 • 6

아름다움
나도 좀 더 예뻐졌으면 좋겠어!
다나의 일기 예뻐지고 싶어서 화장을 한 날 • 12
속울렁테스의 철학 이야기 카냐가 미인대회에서 1등하는 법! • 14
속울렁테스의 철학 특강 • 20   나만의 철학 카드 • 22   비하인드 스토리 • 24

시간
숙제할 때랑 만화 볼 때랑 시간이 다르게 간다고?
다나의 일기 시간을 도둑맞은 날 • 26
속울렁테스의 철학 이야기 시계 없이 동굴 안에서 살아 보기 • 28
속울렁테스의 철학 특강 • 34   나만의 철학 카드 • 36   비하인드 스토리 • 38

사랑
사랑이 여러 가지일 수 있다고?
다나의 일기 피카슈도, 에이틴 오빠들도 좋은 날 • 40
속울렁테스의 철학 이야기 사랑의 여러 가지 얼굴 • 42
속울렁테스의 철학 특강 • 52   나만의 철학 카드 • 54   비하인드 스토리 • 56

죽음
죽으면 다 끝나는 거야?
다나의 일기 삐약이가 하늘나라로 간 날 • 58
속울렁테스의 철학 이야기 하늘나라로 간 엄마 쥐 • 60
속울렁테스의 철학 특강 • 66   나만의 철학 카드 • 68   비하인드 스토리 • 70

차이와 차별
여자는 남자보다 힘이 세면 안 돼?
다나의 일기 남자보다 힘이 세다고 놀림당한 날 • 72
속울렁테스의 철학 이야기 옷에 달린 단추 위치의 비밀 • 74
속울렁테스의 철학 특강 • 80　　**나만의 철학 카드** • 82　　**비하인드 스토리** • 84

공감
말하지 않아도 알 수 있다고?
다나의 일기 찬우가 나를 자꾸 따라 한 날 • 86
속울렁테스의 철학 이야기 쌍둥이 형제의 특별한 경험 • 88
속울렁테스의 철학 특강 • 94　　**나만의 철학 카드** • 96　　**비하인드 스토리** • 98

자아
나다운 게 대체 뭐야?
다나의 일기 '나답지 않다'는 말을 들은 날 • 100
속울렁테스의 철학 이야기 우리 엄마의 진짜 모습 • 102
속울렁테스의 철학 특강 • 108　　**나만의 철학 카드** • 110　　**비하인드 스토리** • 112

인식
보이는 게 전부가 아니라고?
다나의 일기 눈앞에서 토끼가 사라진 날 • 114
속울렁테스의 철학 이야기 우리 눈이 보여주는 착각! • 116
속울렁테스의 철학 특강 • 124　　**나만의 철학 카드** • 126　　**비하인드 스토리** • 128

아름다움

EBS 스쿨랜드
〈아름다움은 제 눈에 안경일까?〉

나도 좀 더 예뻐졌으면 좋겠어!

세상에는 날씬하고 키 크고 예쁜 사람들이 참 많은데,
나는 왜 이렇게 못생긴 걸까요?
왕곱슬 머리에 다리도 짧고, 얼굴은 또 왜 이렇게 큰 건지······.
그래도 엄마는 다나가 세상에서 제일 예쁘다는데,
정말 예쁘다는 건 보는 사람에 따라 다른 건가요?

예뻐지고 싶어서 화장을 한 날

카냐가 미인대회에서 1등하는 법!

"카냐! 카냐!"

아침부터 엄마의 고함 소리가 울려 퍼졌어.

"휴우!"

내 입에선 한숨부터 흘러나왔지. 엄마의 고함은 또 다시 힘든 하루가 시작됐다는 소리거든.

내 이름은 카냐! 아프리카 모리타니족이 모여 사는 마을에 살고 있어.

우리 마을에서는 매년 미인을 뽑는 대회가 열려. 10대 소녀들이 모여 누가 제일 예쁜지를 겨루지.

물론 나도 이번 대회에 참가할 거야. 예쁘기로 말할 것 같으면 누구에게도 뒤지지 않거든. 문제는 대회를 앞두고 온 마을 소녀들이 예뻐지기 위해 엄청난 노력을 한다는 거야. 엄마가 아침부터 고함을 지르며 나를 부르는 건 바로 그 때문이지.

저길 봐! 나를 찾은 엄마가 헐레벌떡 달려오고 있잖아.

"카냐! 일어났으면 엄마를 불렀어야지. 눈을 뜨면 바로 낙타 젖을 먹어야지! 자, 어서 마시렴."

엄마는 커다란 컵에 가득 담긴 하얀 낙타 젖을 내밀었어.

"우웩!"

낙타 젖 냄새에 와락 토할 것만 같았어. 이젠 정말 하얀 낙타 젖만 봐도 속이 울렁거리지 뭐야.

낙타 젖은 영양가가 풍부하고, 기름지기로 유명해. 그래서 미인대회를 준비하는 여인이라면 낙타 젖을 하루에 10컵 이상은 마셔. 살을 찌우려면 기름진 낙타 젖이 최고니까.

사실 나도 예전에는 낙타 젖을 정말 좋아했어. 고소한 낙타 젖은 정말 맛있거든. 하지만 그걸 몇 달째 하루에 10잔 이상씩 마신다고 생각해봐. '낙타'라는 말만 들어도 속이 메슥거릴 수밖에.

"엄마, 나중에 먹으면 안 되나요? 어젯밤에도 잠들기 전까지 먹어서 아직 배가 부르거든요. 이따가 배고프면 먹을게요."

하지만 엄마는 고개를 절레절레 저었지.

"안 돼! 그럼 애써 찌운 살이 빠진단 말이야. 어서 먹어야 해. 그리고 이렇게 자꾸 걸어 다니면 어떡하니? 살을 찌우려면 되도록 움직이지 마. 대회가 며칠 남지도 않았잖아. 그러니까 조금이라도 더 살이 찌도록 움직이지 말고 가만히 누워있도록 해."

엄마 말에 난 고개를 끄덕였지.

"알았어요."

사실, 엄마 말이 모두 맞는 말이니까.

나는 낙타 젖 한 컵을 쭉 마시고는 느릿느릿한 걸음으로 방 안에 들어와 얌전히 누웠어. 미인대회를 위해선 살이 빠지지 않도록 되도록 움직이지 말아야 하거든.

하루 종일 방 안에 누워서 엄마가 가져다 주신 기름진 음식들을 먹으며 시간을 보내는 건 아주 힘든 일이야. 밖에 나가서 친구들과 신나게 뛰어 놀고 싶은 마음이 간절하니까.

하지만 미인이 되려면 꾹 참아야 해. 하고 싶은 걸 다 하면서 어떻게 미인대회에서 1등을 할 수 있겠어.

우리 마을 미인대회에서는 대대로 가장 뚱뚱한 소녀가 1등으로 뽑히지. 풍성한 몸매에 빵빵한 배, 보름달처럼 둥글 넓적한 얼굴형이 미인의 기준이기 때문이야.

지난 대회에서는 옆집 친구 람마가 1등을 했는데, 람마는 정말 풍성한 허리와 통통한 다리를 가졌어. 사람들은 우리 마을 최고 미인인 람마가 지나가면 다들 감탄하며 한마디씩 쏟아내.

"히야! 저 볼록 튀어나온 뱃살 좀 봐. 정말 예쁘지 않니?"

"뚱뚱한 저 몸매 좀 봐. 눈이 부실 정도야."

하지만 올해는 달라! 반드시 내가 람마를 이기고 1등을 할 거니까! 그러려면 이 정도 고생은 거뜬히 참아내야지.

"좋아! 대회까지 반드시 3킬로그램을 더 찌워서 꼭 최고 미인이 될 거야."

나는 다시 한번 각오를 다졌지.

"엄마! 낙타 젖 어서 한 잔 더 갖다 주세요!"

그런데 말이야, 정말 이상한 소문을 들었지 뭐야. 머나먼 어떤 나라에선 깡마른 여자들을 예쁘다고 한대. 세상에나! 그게 말이나 되는 소리야? 못 먹어서 비쩍 마른 모습을 예쁘다고 하다니!

그래서 그런 말을 하는 사람에게 난 이렇게 쏘아붙여 주었어.

"순거짓말쟁이! 빼빼 마른 여자를 미인이라고 말하는 사람들이 정말 있다면, 그 사람들은 모두 눈이 잘못된 걸 거야! 확실해!"

소울텅테스의 철학특강

걸그룹 언니들처럼 예뻐지고 싶어서 화장 좀 했어.

날씬한 게 항상 예쁘다고 생각했던 다나는 카냐의 이야기를 듣고 깜짝 놀았어.

"카냐는 거짓말쟁이! 뚱뚱한 여자를 예쁘다고 할 리가 없잖아."

하지만 카냐의 말은 사실이야. 세상에는 모리타니 부족처럼 뚱뚱하고 풍만한 몸매를 예쁘다고 생각하는 사람들도 많이 있거든.

아름답다고 생각하는 기준은 사람들마다, 또 시대나 지역에 따라서 다 다르기 때문이야.

3만 년 전 아주 먼 옛날 사람들이 만든 '빌렌도르프의 비너스상'을 볼까? 아담한 키에 풍만한 가슴, 볼록 튀어나온 배. 지금 우리들의 눈에는 그다지 아름다운 여인상은 아니지. 하지만 먹을 게 부족해서 힘들었던 그 당시 사람들에게는 풍만한 몸이 마른 몸보다 훨씬 아름다워 보였을 거야.

이보다 한참 후인 2천 년 전에 만들어진 또 다른 비너스상이 있어. 고대 그리스 사람들이 만든 이 '밀로의 비너스상'에는 특별한 비율이 숨어 있지. 머리 대 가슴, 그리고 상반신 대 하반신의 비율이 각각 1 : 1.618로 완벽한 비율을 이루고 있다는 거야. 그 당시 사람들은 아름다움은 조화와 균형이 잘 어우러진 것이라고 생각했거든. 그래서 사람의 몸이 가장 아름다운 비율을 찾았는데 1 : 1.618일 때 가장 완벽하다는 거였지.

미의 기준이 어떻게 이렇게 다를 수가 있냐고? 이 정도는 아무것도 아니야. 세상에는 전혀 예상하지 못한 미인의 모습도 아주 많거든.

태국의 카렌족은 목이 긴 여자를 미인으로 생각하지. 그래서 기린같이 긴 목을 만들기 위해 특별한 도구를 끼고 다니기도 해. 어떤 나라에서는 얼굴에 문신을 잔뜩 새긴 모습이 예쁘다고 여기는가 하면, 또 어떤 나라에서는 얼굴을 하얗게 칠한 모습이 예쁘다고 생각하기도 하지.

이처럼 우리 눈에는 이상하다고 보이는 모습도 다른 지역, 다른 시대에서는 아름답다고 여겨질 수 있어. 아름다움에 대한 기준은 사람마다 다른 게 정상이거든. 사람마다 시력이 달라서 다들 자기 눈에 맞는 안경을 쓰는 것이 당연한 것처럼 말이야.

 나만의 철학 카드

다나가 생각하는 다나의 매력과 다나의 엄마가 생각하는 다나의 매력은 달랐어요.

다나의 매력은 **시원시원하게 생긴 이마** 이다.

- 내가 생각하는 나의 매력은

  이다.

- 내가 생각하는 나의 매력은

  이다.

두 사람의 이야기를 들어 보고,
내가 생각하는 나의 매력과 나의 부모님이 생각하는
나의 매력은 무엇인지 적어 보세요.

다나의 매력은 <u>풍성한 곱슬머리</u> 이다.

- 엄마가 생각하는 나의 매력은

  _____ 이다.

- 아빠가 생각하는 나의 매력은

  _____ 이다.

아름다움 23

"미에는 객관적인 원리가 없다."
— 임마누엘 칸트 (독일, 철학자)

"아름다움은 당신이 당신답게라고 결정한 순간 시작된다."
— 가브리엘 샤넬 (프랑스, 디자이너)

비하인드 스토리

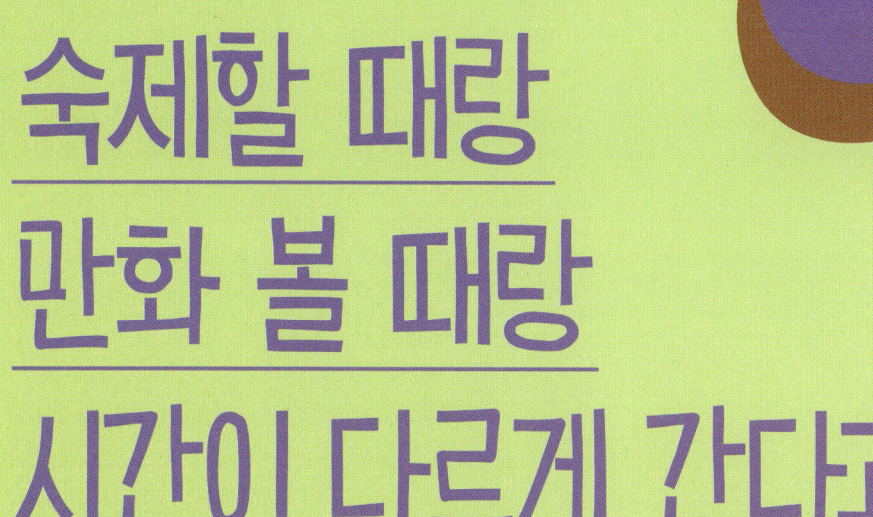

시간

EBS 스쿨랜드
〈시간이 사라질 수 있을까?〉

숙제할 때랑
만화 볼 때랑
시간이 다르게 간다고?

공부를 할 때는 엄청 오래 한 것 같은데도
시간이 잘 안 가더니,
친구들이랑 놀거나 TV를 볼 때는
시간이 너무 빨리 지나가는 것 같아요.
혹시, 시간 도둑이라도 있는 건가요?

시간을 도둑맞은 날

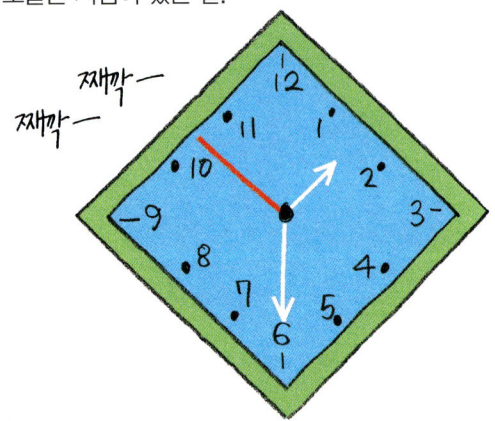

오늘은 시험이 있는 날.

시험은 늘 어렵지만 오늘은 유난히 더 어려운 것 같았어. 아직 다 못 풀었는데 벌써 종이 울리지 뭐야.

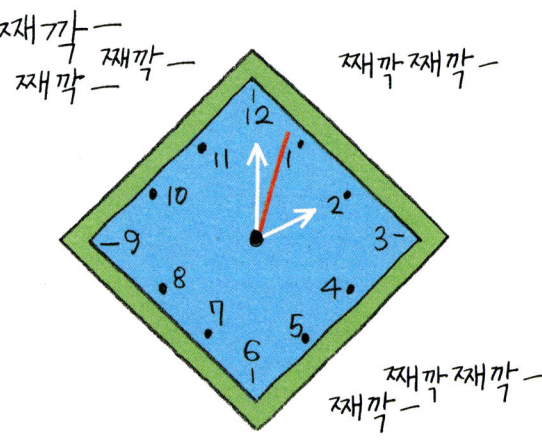

어느새 시험 종료 시각인 2시! 눈 깜짝할 사이에 30분이 훌쩍 지나간 거야.

집에 와서 기분도 풀 겸, 텔레비전을 보고 있었지.

시계 없이 동굴 안에서 살아 보기

　미셸 시프레는 호기심이 아주 많은 프랑스 청년이야. 어렸을 때부터 궁금한 것들이 아주 많았지. 미셸은 특히 흘러가는 시간이 신기하고 궁금했어.

　"하루가 24시간인 건 지구가 스스로 한 바퀴 뱅그르르 도는 데 걸리는 시간이 24시간이기 때문이라지? 하루 동안 우리는 밝은 햇살이 비치는 아침과 낮, 깜깜한 밤을 모두 경험해. 그런데 만약에 하루 종일 어두운 곳에 있으면 어떨까? 그래서 낮과 밤이 바뀌는 걸 모른다면 시간이 어떻게 느껴질까?"

　이런저런 생각 끝에 미셸은 특별한 실험을 해 보기로 했어.

　"좋아! 내가 직접 경험을 해 보는 거야!"

　미셸은 아주 특별한 실험을 시작했어.

　이름하여 '동굴 안 시간 경험하기!' 아무 것도 없는 동굴 안에서 두 달간 살아 보기로 한 거야.

　1962년 7월 16일. 드디어 실험이 시작되었지.

스물세 살의 청년 미셸은 알프스 산에 있는 깊은 동굴 안으로 들어갔어.

그곳은 아주 깊은 동굴 안이라 실험을 하기에는 딱 알맞은 장소였지.

동굴로 들어가는 미셸의 가슴은 기대와 설렘으로 두근거렸어.

'시계 없이 이 동굴 안에서 두 달간 살아 보면 어떻게 될까?'

동굴 안은 생각보다 훨씬 깊었어. 햇빛도 전혀 들어오지 않았지.

미셸은 동굴 바닥에 자리를 잡고 앉았어. 그리고 동굴 안의 삶을 시작했지.

동굴 안에서 혼자 지내는 생활은 처음에는 생각보다 아주 힘들었어. 깜깜한 어둠뿐인 동굴 안에서는 아무 일도 일어나지 않았거든. 말을 할 사람도 없고, 가지고 놀 거리도 없었지.

"혼자 있으니 정말 외롭고 심심해!"

그런데 가장 답답하고 힘든 건 따로 있었어.

"도대체 지금은 몇 시나 되었을까? 오늘 하루가 끝나긴 했을까?"

시간을 알 수 없다는 사실!

동굴 안에는 시간의 흐름을 알려주는 시계도, 해와 달도, 텔레비전도 없었기 때문에 미셸은 시간을 전혀 알 수 없었던 거야.

훗날 미셸은 인터뷰에서 그 당시를 떠올리며 이렇게 말했지.

"동굴 안에 들어가자마자 저는 시간에 대한 감각을 잃어버렸습니다. 시간이 어떻게 흘러가고 있는지 전혀 알 수가 없었어요."

하지만 미셸은 곧 동굴 생활에 적응하기 시작했어. 그리고 자신만의 시간을 만들어가기 시작했지.

"지금쯤 하루가 지났을 거야. 그럼 오늘은 동굴에 들어온 지 일주일 정도 되지 않았을까? 그래! 내 몸이 느끼는 대로 흘러가는 시간을 짐작해 보면 돼."

그렇게 미셸의 동굴 안 시간은 하루하루 흘러갔어.

그리고 마침내 동굴 밖의 날짜는 9월 14일이 되었지.

이날은 미셸이 시험을 끝내기로 약속한 날이었어. 동굴 밖의 사람들은 미리 약속한 대로 미셸을 데리러 동굴로 왔어.

"미셸! 동굴에 들어간 지 두 달 정도 됐어. 이제 동굴 밖으로 나와도 돼!"

그런데 동굴 안에서는 아무 기척이 없지 뭐야.

"무슨 일이지?"

밖에 있던 사람들은 동굴 안으로 직접 들어가 보기로 했어.

"혹시 안 좋은 일이 생긴 건 아닐까?"

다행히 미셸은 건강한 모습으로 있었어. 그런데 사람들을 본 미셸은 의아한 표정으로 물었지.

"아니 왜 벌써 나를 데리러 온 거야? 난 두 달 뒤에 동굴에서 나가기로 했잖아."

"오늘이 바로 그날이야. 9월 14일이라고!"

하지만 미셸은 고개를 저었어.

"그렇지 않아. 오늘은 8월 20일인 걸. 아직 한 달밖에 되지 않은 거라고."

미셸은 자신이 그동안 기록해 둔 자신만의 달력을 보여주었지. 미셸이 만든 달력에는 정말 오늘 날짜가 8월 20일로 기록되어 있었어.

미셸의 달력과 동굴 밖의 달력은 25일이나 차이가 났던 거야. 사람들이 보여준 시계로 동굴 밖의 시간을 확인한 미셸은 어리둥절한 표정으로 소리쳤지.

"세상에! 정말 9월 14일이네! 동굴 밖으로 나가는 순간 난 25일을 도둑맞는 거잖아."

속울링테스의 철학특강

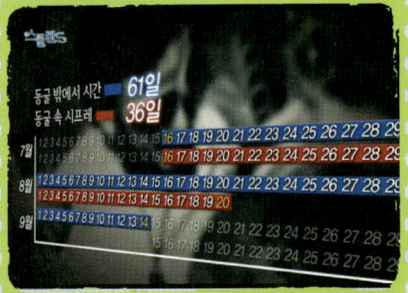

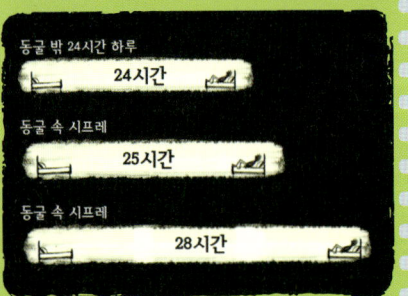

아무래도 이상해! 누군가 내 시간을 훔쳐간 게 분명해!

만약에 세상의 모든 시계가 사라지고, 사람들이 정확한 시간을 알 수 있는 방법이 사라진다면 어떻게 될까?

미셸은 시계도, 햇빛도 없는 동굴 속에서 사는 동안 바깥 세상과는 전혀 다른 시간을 경험했어.

실제 시간과는 전혀 다른 자기만의 시간 감각을 갖게 된 거야. 그래서 하루가 25시간, 때로는 28시간까지 늘어났던 거지.

다나도 시험 문제를 푸느라 골똘히 생각할 때, 텔레비전에 푹 빠져 있을 때는 시간이 금세 지나가는 것 같았어. 마치 시간을 도둑맞은 것처럼 말이야.

친구들도 놀이터에서 신나게 놀거나 게임을 할 때는 시간이 빨리 가는 것 같은데, 뭔가를 지루하게 기다릴 때는 시간이 안 간다고 느낄 때가 있지 않니?

이렇게 자신만 느끼는 시간을 흔히 '주관적 시간'이라고 해. 반면, 우리가 시계로 확인하는 하루 24시간은 '객관적 시간'이라고 하지.

그런데 말이야, 이 세상에서 객관적 시간이 사라지면 어떻게 될까?

미셸이 동굴 속에서 경험했던 것처럼 말이야. 그럼, 사람들은 저마다 서로 다른 하루를 보내게 될 거야. 학교 가는 시간도 다 달라지고, 밥 먹는 시간도 다 달라지고, 회사를 가는 시간도 제각각이겠지. 그렇게 되면, 약속 시간도 저마다 달라질 테고 여러 가지 문제들이 생겨나지 않을까? 그래서 누구에게나 똑같이 흘러가는 '객관적 시간'이 생겨났을 거야.

어렸을 때 시계 보는 법을 열심히 배운 적이 있지? 우리는 시계를 보면서 '아, 지금이 몇 시구나!' 하면서 시간을 알게 되고, 그 시간에 맞춰 행동하지. 사람들 모두에게 통하는 객관적인 시간에 익숙해진 거야.

그런데 오늘 하루쯤은 이런 객관적 시간을 버리고 '나만의 시간'을 느껴보는 건 어떨까? 시계도 전혀 보지 않고, 내 몸과 마음이 느끼는 시간을 경험해 보는 거야. 그럼 당연하다고 느꼈던 시간들이 조금 다른 느낌으로 다가오는 새로운 경험을 하게 될 거야. 미셸이 동굴 속에서 느낀 것과 같은 특별한 경험을 말이야.

다나는 기분에 따라 시간이 다르게 흘러간다고 느낄 때가 있었어요. 나는 시간을 어떻게 느낄까요?

다나는 재미있는 TV 프로그램 보는 시간이 가장 빨리 지나간다.

• 나는

　　　　　　　　　하는 시간이 가장 빨리 지나간다.

• 나는

　　　　　　　　　하는 시간이 가장 빨리 지나간다.

나에게 시간이 가장 빨리 갈 때와 느리게 갈 때를 적어 보고,
똑같이 흘러가는 시간이 어떻게 다르게 느껴지는지 비교해 보세요.

다나는 피자를 주문하고 기다리는 시간이 가장 느리게 간다.

- 나는

  하는 시간이 가장 느리게 간다.

- 나는

  하는 시간이 가장 느리게 간다.

"시간을 최악으로 사용하는 사람들은 시간이 부족하다고 늘 불평하는 데 일인자다."
— 라 브뤼에르 (프랑스, 철학가·작가)

"시간을 지배할 줄 아는 사람은 인생을 지배할 줄 아는 사람이다."
— 에센바흐 (독일, 시인)

비하인드 스토리

사랑

EBS 스쿨랜드
〈이게 사랑일까?〉

사랑이 여러 가지일 수 있다고?

오래 전부터 짝사랑해 온 내 사랑 피카슈!
그런데 요즘은 에이틴 오빠들도 피카슈만큼이나 좋아졌어요.
좋아하는 사람이 여러 명이어도 되나요?
피카슈와 에이틴 오빠들에 대한 내 마음,
어떤 게 진짜 사랑일까요?

피카슈도, 에이틴 오빠들도 좋은 날

다나의 일기

사랑의 여러 가지 얼굴

프시케와 사랑에 빠진 에로스

옛날 어느 나라에 프시케라는 공주가 살았어. 프시케는 아주 아름다운 외모를 가졌는데, 하늘의 신들에게조차 소문이 날 정도였지.

그러자 아름답기로 유명한 미의 여신인 아프로디테는 화가 났어.

"뭐? 프시케라는 인간이 나보다 예쁘다는 거야? 그건 용서할 수가 없지."

아프로디테는 즉시 아들인 에로스를 불렀어. 에로스는 사랑의 신인데, 에로스가 쏜 화살을 맞은 사람은 누구나 사랑에 빠지게 되지.

"에로스, 당장 프시케에게 화살을 쏴 다오. 그래서 형편없는 인간과 사랑에 빠지게 해 버려."

프시케가 보잘 것 없는 남자와 사랑에 빠져 버리도록 할 생각이었던 거야.

에로스는 어머니의 뜻을 따르기 위해 프시케가 있는 인간 세상으로 내려갔지.

그런데 생각지도 못한 일이 벌어지고 말았어. 프시케를 본 순간 에로스는 아름다운 모습에 넋을 잃고 말았어. 그리고 당황한 나머지 자신의 화살에 손을 찔려 버린 거야.

자신의 화살에 찔린 에로스는 곧바로 프시케를 향한 사랑에 빠져 버리고 말았지.

한편, 아프로디테의 미움을 받았던 프시케는 그동안 외롭게 지내야 했어. 아프로디테가 두려워 결혼을 하자는 남자들이 아무도 없었거든. 게다가 프시케는 이런 예언을 듣게 되었어.

"프시케는 인간의 아내가 될 수 없다. 프시케의 남편은 산꼭대기에 사는 괴물이다."

프시케는 이 예언을 받아들이고, 남편을 만나기 위해 산꼭대기에 있는 성으로 올라갔지.

성에서 만난 괴물은 단 한 번도 프시케에게 모습을 보여주지 않았어. 불이 모두 꺼진 밤에만 프시케가 있는 곳으로 왔다가 날이 밝기 전에 가 버렸거든. 프시케의 남편이 된 괴물은 말했어.

"내 얼굴을 보려고 하지 마시오. 내 얼굴을 보는 순간 우린 다시 만날 수 없을 거요."

하지만 프시케는 남편의 얼굴이 무척 보고 싶었지.

'내 남편은 목소리도 다정하고, 마음도 아주 착해. 그러니 못생겼다고 해도 난 상관없어. 하지만 얼굴은 꼭 한번 보고 싶어.'

프시케의 언니들도 이런 프시케의 마음을 부추겼어.

"분명이 네 남편은 무서운 괴물일 거야. 언젠간 널 잡아먹어 버릴지도 몰라. 그러니까 꼭 모습을 확인해 봐야 해."

결국 프시케는 어느 날 밤, 램프와 칼을 준비하고는 남편을 기다렸어. 그리고 남편이 깊은 잠에 빠지자 램프를 켜고 모습을 확인했지.

그런데 이게 웬일이람. 남편은 무서운 괴물이 아니라 아름다운 에로스 신이었던 거야.

"어머나!"

놀란 프시케의 손에 들렸던 램프에서 기름 한 방울이 떨어져 에로스의 어깨에 닿고 말았지. 그 순간 깨어난 에로스는 그대로 날개를 펼치고는 하늘로 날아가 버렸어.

에로스가 가 버리자 성도 사라지고 말았지. 에로스를 이제 다신 볼 수 없게 된 거야.

하지만 프시케는 에로스를 잊을 수가 없었어.

'내가 에로스와의 약속을 저버렸어. 믿음을 깬 거야. 그렇지만 않았으면 에로스와 영원히 행복했을 텐데…….'

괴로워하던 프시케는 위험을 무릅쓰고 에로스의 어머니인 아프로디테를 찾아갔어. 그리고 자신의 잘못을 빌며 에로스를 만나게 해달라고 애원했지. 그러자 아프로디테가 말했어.

"그렇다면 지하 세계의 여왕에게 가서 화장품을 조금 얻어 오너라! 그럼 에로스를 만나게 해주마."

세상에! 지하 세계의 여왕을 만나라니. 인간이 지하 세계로 간다는 건 죽음을 의미하는 것이었지. 자신의 목숨을 걸어야 한다는 뜻이었어.

그래도 프시케는 에로스를 위해 목숨을 걸었고, 결국 지하 세계의 여왕 페르세포네를 만나 화장품이 담긴 조그마한 상자를 얻을 수 있었어. 그런데 프시케는 상자를 받기 전에 이런 소리를 들었지.

"이건 '아름다움'이 가득 든 상자야. 이 상자는 절대 인간이 열어 봐서는 안 돼."

하지만 돌아오는 길에 프시케는 상자를 열고 말았어.

'아름다움이 가득 담겼다는 이 화장품을 조금 바르면 에로스가 나를

더 사랑해주겠지?'

그런데 사실 상자 안에는 아름다움이 아닌, '지하 세계의 잠'이 가득 들어 있었어. 프시케가 상자를 열자 지하 세계의 잠이 프시케를 덮쳤고, 프시케는 깨어날 수 없는 잠에 빠지고 말았지.

그 모습을 본 에로스는 가슴이 아팠어. 비록 약속을 어기긴 했지만, 자신을 만나기 위해 목숨까지 건 프시케에 대한 깊은 사랑 때문이었지.

에로스는 프시케를 덮친 잠을 다시 상자 속에 집어넣었어. 그리고 화살 끝으로 프시케를 살짝 건드려 잠에서 깨워주었지.

아프로디테도 결국에는 두 사람의 사랑에 감동을 받았어. 그래서 에로스와 프시케의 결혼을 허락했고, 둘은 행복한 결혼식을 올릴 수 있었지.

종교와 국경을 넘어선 사랑, 테레사 수녀

1940년대 후반, 어수선한 인도 거리에서 가난한 사람들을 돌보며 살아가는 사람이 있었어. 유럽에서 온 테레사 수녀가 바로 그 주인공이지.

당시 인도 사람들은 몹시 불안한 상황에 놓여 있었어. 정치와 종교 문제로 전쟁과 갈등이 끊이질 않고 있었거든. 사회가 불안해지자 고통에

빠진 것은 가난한 사람들이었어. 인도 거리에는 수많은 사람들이 굶주림과 병으로 죽어가고 있었지. 당장 도움의 손길이 필요했지만 어느 누구도 선뜻 나설 수 있는 상황이 아니었어.

그런데 어려움에 처한 인도 사람들을 돕겠다고 나선 사람이 바로 나라도, 인종도 다른 테레사 수녀였지.

테레사 수녀를 처음 본 사람들은 다들 비아냥거렸어.

"인도에 가톨릭을 선교하러 온 수녀일 거야."

"그래. 우리를 진심으로 도우려는 게 아니라 종교를 퍼트리려는 것뿐이야. 며칠 저러다가 자기 나라로 돌아가 버릴 거야."

인도 사람들은 대부분 힌두교를 믿기 때문에 가톨릭 수녀에 대한 거부감이 클 수밖에 없었지.

그런데 사람들의 예상은 보기 좋게 빗나갔어.

가난한 아이들 5명을 데려다 가르치는 일부터 시작한 테레사 수녀의 활동은 점점 활발해졌거든. 수녀님은 병과 굶주림으로 죽어가는 거리의 사람들을 돌봐주기 시작했고, 미혼모나 고아들을 돌보는 일에도 나섰지.

사실 테레사 수녀는 처음부터 종교를 전파하겠다는 마음은 없었어. 테레사 수녀가 인도로 온 이유는 단 한 가지뿐이었으니까.

'가난으로 병들고 죽어가는 불쌍한 사람들에게 도움을 주고 싶어.'

고민하던 테레사 수녀는 자신의 종교를 전하기 위해 봉사활동을 하는 게 아니란 걸 알려주기 위해서 수녀복을 벗어버렸지. 대신 인도의 흰색 사리를 입었어. 흰색 사리는 가장 가난하고 신분이 낮은 여인들이 입는 인도의 옷이었거든. 게다가 인도의 국적을 취득해서 인도인이 되었지.

그런 테레사 수녀를 보며, 인도 사람들은 감동할 수밖에 없었어.

"세상에! 우리를 돕기 위해 국적과 종교까지 버리다니! 테레사 수녀는 진심으로 우릴 사랑하는 거야."

인도 사람들의 믿음을 얻게 되자 테레사 수녀는 더욱 많은 활동을 펼칠 수 있었어. 미혼모와 고아들을 위한 집을 짓고, 환자들이 모여 치료를 받을 수 있는 마을도 만들었지.

그녀의 따뜻한 마음에 감동한 사람들이 하나둘 모여 들면서 1950년에는 '사랑의 선교 수녀회'가 결성되고 후원 단체도 생겼어. 세계 각국에서 기부금을 보내는 사람들도 늘어났지.

그런데 테레사 수녀는 기부금이 많이 들어와도 늘 한결같은 모습이었어. 언제나 낡아서 군데군데 꿰맨 흰색 사리 차림이었거든.

그런 소박한 모습으로 테레사 수녀는 환자들의 몸을 맨손으로 씻기고 가난한 아이들을 돌보았어. 그 모습은 전 세계 사람들에게 감동을 주었지.

"테레사 수녀는 살아 있는 성녀야!"

1979년, 테레사 수녀는 노벨 평화상을 받았어. 그 시상식에서도 흰색 사리와 낡은 샌들 차림을 하고 계셨지. 시상식이 끝난 뒤에는 테레사 수녀를 위한 거창한 만찬이 준비되어 있었지만 테레사 수녀는 만찬을 거부했어. 그리고 이렇게 말했지.

"저를 위한 만찬은 필요 없어요. 그 비용은 가난한 사람들을 위해 써 주세요."

소울링테스의 철학특강

에로스(Eros)

피카슈를 생각하면 나도 모르게 얼굴이 붉어져~!

피카슈를 짝사랑했던 다나는 에이틴 오빠들도 좋아져서 고민이 생겼어. 다나에게는 어떤 게 진짜 사랑일까?

친구들은 사랑이라는 단어를 들으면 제일 먼저 어떤 게 떠오르니? 심장이 마구 뛰고, 그 아이만 환하게 보이는 그런 마음이 사랑인 걸까?

여자와 남자, 서로간의 관심과 사랑은 크면서 누구나 겪게 되는 자연스러운 감정이야. 하지만 다나가 피카슈를 생각하는 마음처럼 남녀 간의 감정만 '사랑'이라고 부르는 건 아니야.

사랑은 아주 다양한 모습을 하고 있거든. 무대에서 화려한 의상을 입고, 멋지게 노래 부르는 에이틴 오빠들에 대한 마음도 사랑이라고 할 수 있어.

우리 마음 속에는 아름다운 것이나 예술적인 것들을 동경하는 마음이 있거든.

이처럼 남녀 간의 사랑, 학문이나 예술에 대한 열정을 모두 '에로스'라고 하지. 아름답고 좋은 것들 사랑하는 마음을 그리스 신화에 나오는 사랑의 신, 에로스의 이름을 따서 부른 거야.

그런데 말이야, 피카슈나 에이틴 오빠들이 더 이상 멋진 모습이 아닌데도 계속 사랑할 수 있을까? 나이가 들거나 모습이 달라져도 말이야.

그럼 부모님은 어때? 외모나 가진 것 때문에 부모님을 사랑하는 사람은 없을 거야. 부모님을 사랑하는 마음처럼 아무런 조건도 없고, 차별도 없는 사랑은 '아가페'라고 해. 가족 간의 사랑, 인간에 대한 신의 사랑처럼 무조건적인 사랑이 바로 아가페적인 사랑이야.

테레사 수녀님은 아가페적인 사랑을 실천한 분이지. 가족도 아니고, 보답을 받는 것도 아니지만 조건 없이 남을 사랑하는 마음이 있었기 때문에 평생 봉사하는 삶을 사셨어.

이렇게 사랑에는 다양한 모습들이 있어. 그런데 여러 가지 모습을 한 사랑에도 한 가지 공통점이 있단다. 바로 사랑은 그냥 주어지지 않는다는 거야. 끊임없이 관심 갖고, 노력하고, 서로 아껴야 얻어질 수 있는 결실이거든.

다나는 사랑이 여러 가지 모습을 하고 있다는 걸 알게 됐어요.
나에게 사랑은 어떤 모습일까요?

다나에게 사랑이란 생각만 해도 가슴이 두근거리는 것이다.

왜냐하면, 피카츄를 볼 때마다 두근두근 하기 때문이다.

나에게 사랑이란

_____ 이다.

왜냐하면,

때문이다.

다나가 생각하는 사랑은 어떤 것인지 들어 보고,
내가 생각하는 사랑은 무엇인지 적어 보세요.

다나에게 사랑이란
자꾸 맛있는 걸 챙겨주고 싶은 마음 이다.
왜냐하면, 우리 엄마는 늘 나에게 맞난 걸 챙겨 주시기 때문이다.

나에게 사랑이란

_____ 이다.

왜냐하면,
_____
_____
_____
_____
                                    때문이다.

사랑 55

"진정한 사랑은 영원히 자신을 성장시키는 경험이다."
— 스캇 펙 (미국, 심리학 박사)

"사랑에는 한 가지 법칙밖에 없다.
그것은 사랑하는 사람을 행복하게 만드는 것이다."
— 스탕달 (프랑스, 소설가)

비하인드 스토리

EBS 스쿨랜드
〈죽으면 정말 끝일까?〉

죽으면 다 끝나는 거야?

언제까지나 나와 함께할 줄 알았던 작고 예쁜 삐약이.

삐약이가 그만 하늘나라로 가 버렸어요.

이제 다시는 삐약이와 함께 할 수 없는 건가요?

죽으면 정말 다 끝나는 거예요?

삐약이가 하늘나라로 간 날

오늘은 눈이 너무 부어서 선글라스를 낄 수밖에 없었어.

하늘나라로 간 엄마 쥐

넓은 들판에 들쥐 모녀가 살고 있었어. 엄마 쥐는 아기 쥐를 위해 매일같이 들판에 나가 먹을 것을 구해 왔지.

"아가, 오늘은 잡초 뿌리밖에 구해 오지 못했구나. 이거라도 먹어 보렴. 내일은 꼭 맛난 음식을 구해볼 테니."

척박하고 위험한 들판에서 생활하다 보니 엄마 쥐가 구해 오는 먹이는 잡초 뿌리가 대부분이었어. 그것도 양이 항상 부족했지. 그래도 아기 쥐는 엄마가 가져다 주는 것들을 맛있게 먹었어.

"엄마, 괜찮아요. 잡초 뿌리도 아주 맛있는 걸요!"

그런데 아기 쥐에게는 걱정이 하나 있었어. 엄마가 늘 위험을 무릅쓰고 다녔거든. 들판에는 들쥐를 노리는 힘센 짐승들이 아주 많으니까 말이야.

"엄마, 전 풀만 먹어도 괜찮으니까 먹이를 구하려고 너무 위험한 곳에는 가지 마세요. 어제도 무시무시한 독수리가 나타났대요."

"오냐, 오냐. 걱정하지 말고 넌 무럭무럭 크기만 하면 돼."

엄마는 불안해하는 아기 쥐의 마음을 달래주었지.

그런데 어느 날 아기 쥐가 걱정하던 일이 벌어지고 말았어.

평소보다 좀 더 먼 곳으로 먹이를 구하러 갔던 엄마 쥐가 그만 독수리를 만나고 만 거야.

"히야! 들쥐가 아주 맛있게 생겼군. 오늘은 우리 아이들에게 들쥐를 맛보게 해줄 수 있겠어!"

먹이를 구하러 나왔던 독수리는 엄마 쥐를 보자 사납게 달려들었어.

엄마 쥐는 독수리에게 물려가지 않으려 안간힘을 썼지. 작은 발을 힘껏 세워 커다란 독수리의 부리를 내치고, 숨을 곳을 찾기 위해 숲으로 열심히 달렸어.

하지만 높은 하늘 위에서 커다란 눈을 부릅뜬 채 달려드는 독수리를 피해 도망치기는 쉽지 않았어. 엄마 쥐는 이리저리 힘겹게 도망을 치다 결국 넘어지고 말았지.

하늘이 도운 걸까?

그때 마침 커다란 바위가 어미 쥐의 눈에 들어왔어.

"아! 저기 뒤에 숨으면 되겠어."

엄마 쥐는 있는 힘을 다해 바위 뒤로 달려가 몸을 숨겼어.

"에이! 오늘은 운이 나쁘군. 그깟 들쥐 한 마리를 놓치고 말다니!"

독수리는 투덜거리며 멀리 날아가 버렸어.

죽음

"휴우! 다행이다."

엄마 쥐는 그제야 마음을 놓을 수 있었지.

하지만 독수리의 매서운 공격을 받다 보니 엄마 쥐의 몸은 말이 아니었어. 온몸이 뜯겨 피가 철철 흐르고 있었지.

아기 쥐가 기다리는 집으로 힘들게 돌아왔을 때, 엄마 쥐는 가쁜 숨을 몰아 쉬는 상태였어. 팔 다리가 축 늘어진 채 눈을 뜨지도 못했지.

"엄마! 엄마!"

아기 쥐가 소리쳤지만 엄마 쥐는 정신을 잃고 말았어.

"엄마! 엄마!"

아기 쥐가 울면서 간절히 엄마를 깨워보았지만 엄마 쥐는 결국 숨을 거두고 말았지.

엄마를 잃은 아기 쥐는 크나큰 슬픔에 빠져 버렸어.
"엄마가 죽다니! 이젠 엄마를 볼 수 없겠지?"
아기 쥐는 매일매일 울기만 했어.

그런데 울다 잠든 어느 날 밤, 아기 쥐는 엄마의 꿈을 꾸었어.
"우리 아가, 이젠 슬퍼하지 마. 엄마가 하늘에서 늘 너를 지켜보고 있거든. 어서 기운을 내서 예전처럼 씩씩하게 지내야지. 엄마는 우리 아가가 무럭무럭 자라는 모습을 보고 싶구나."

꿈에서 깬 아기 쥐는 어리둥절했어. 꿈이었지만 정말 엄마를 만난 것처럼 생생했거든. 아기 쥐는 힘을 냈어.

"그래. 엄마가 하늘에서 날 보고 있어. 내가 씩씩하게 지내는 모습을 엄마에게 보여줄 거야."

아기 쥐는 그길로 들판으로 달려 나갔지. 그리고 제 힘으로 먹이를 구해 먹으며 무럭무럭 자랐어.

그 무렵, 죽은 엄마 쥐가 묻혀 있던 곳 근처로 풀씨 하나가 바람에 실려 폴폴 날아왔어. 비가 주룩주룩 내린 어느 날, 풀씨는 싹을 틔웠지. 그리고 무럭무럭 자라서 노란 꽃도 피웠어.

아기 쥐가 다시 나타난 건 바로 그날이었지. 들판에서 생활을 하다가 엄마가 보고 싶어서 옛 집으로 왔던 거야.

그런데 아기 쥐는 깜짝 놀라고 말았어. 엄마 쥐가 묻혀 있던 바로 그 자리에 꽃 한 송이가 노랗게 피어 있었거든.

"어라, 이 꽃은 뭐지? 우리 엄마는 어디 갔지? 여긴 우리 엄마가 있던 자린데."

아기 쥐의 말에 노란 꽃이 말했어.

"아하! 여기 잠들었던 들쥐의 새끼로구나."

아기 쥐는 고개를 끄덕였지.

"맞아! 그런데 우리 엄마는 어디 있는 거야?"

"너희 엄마는 흙이 되었어. 그 때문에 여기 땅은 아주 비옥해졌지. 내가 싹을 틔울 수 있었던 건 이 비옥한 땅 때문이었단다. 그러니까 네 엄마 덕에 내가 이렇게 피어날 수 있었던 거야."

그제야 아기 쥐는 알았지. 죽은 엄마의 몸은 썩어서 흙이 되고, 그 영양분으로 새로운 생명이 태어났단 걸 말이야.

노란 꽃은 활짝 웃으며 말했어.

"고마워! 내가 피어난 건 다 네 엄마 덕분이야."

노란 꽃은 마치 엄마 쥐의 동그란 얼굴 같았어. 아기 쥐도 꽃을 보며 활짝 웃었지.

"나도 고마워. 네가 이렇게 활짝 피어나 줘서 말이야. 널 보니까 우리 엄마를 보는 것 같아서 정말 행복해. 이제야 알겠어. 우리 엄마는 하늘나라로 갔지만 죽은 게 아니었어. 내가 이렇게 엄마를 기억하는 한 내 마음 속에 영원히 살아있는 거니까 말이야."

소울렁테스의 철학특강

삐약이가 갑자기 하늘나라로 갈 줄 몰랐어. 엉엉.

정성스럽게 키운 삐약이가 하늘나라로 간 날, 다나는 큰 슬픔에 빠졌어.

그날 이후 다나는 '죽으면 모든 게 끝인 걸까?'라는 고민을 하기 시작했지. 그리고 '이 세상에 아무도 죽지 않고 늘 함께 할 수 있다면 얼마나 좋을까'하는 바람도 갖게 됐어. 엄마를 잃은 아기 쥐도 마찬가지였을 거야. 엄마 쥐와 영원히 행복하게 살고 싶었을 테니까 말이야.

사랑하는 사람이나 동물이 죽음을 맞이했을 때, 우리가 슬프고 힘든 이유는 더 이상 볼 수 없고, 예전처럼 소식을 전하거나 이야기를 나눌 수 없기 때문일 거야.

그런데 말이야, 내가 더 이상 볼 수 없다고 정말 끝이 나는 걸까?

어떤 한 생명이 죽는다고 해도 그게 완전히 끝은 아닐 수도 있어. 그 생명체는 죽지만, 다른 생명체에게 먹히거나 거름으로 사용되는 것처럼 다른 누군가가 살아가는 데 또 다른 역할을 해줄 수도 있지.

엄마 쥐도 비록 아기 쥐의 곁은 떠났지만 땅의 좋은 거름이 되어서 풀씨가 싹을 틔우는 데 필요한 영양분이 되어 주었어. 그 덕분에 풀씨는 노란 꽃을 피울 수 있었던 거야. 이처럼 죽는다는 건 끝이기도 하지만 새로운 삶의 시작이기도 하지.

또, 사람들은 죽음을 생각하기 때문에 주변 사람들을 더 소중하게 생각하기도 해. 가족이나 친구처럼 사랑하는 사람들과 언젠가는 죽음으로 헤어질 수 있다는 생각을 하기 때문에 지금 이 관계를 더 깊이 잘 유지하려고 노력하기도 하지.

내가 사랑하는 누군가가 죽는다는 건 여전히 두렵고 슬픈 일이야. 하지만 죽음이 끝이 아니고, 새로운 시작일 수도 있다고 생각해 보면 어떨까?

죽음이 있기에 우리의 현재 삶이 더 아름답게 빛날 수 있는 것일지도 몰라. 사람들은 '죽음'이 있기 때문에 자신에게 주어진 지금 이 시간을 값지고 보람 있게 보내기 위해 노력하기 마련이거든.

사랑하는 삐약이를 떠나 보낸 날,
다나는 죽음에 대해 생각하게 됐어요.

다나에게 죽음이란
잠깐 동안 이별하는 것 이다.

왜냐하면, 엄마 쥐와 아기 쥐처럼 다른 모습으로 만날 수도 있기 때문이다.

나에게 죽음이란

_____ 이다.

왜냐하면,

_____

_____

_____

_____

_____

때문이다.

다나는 죽음을 어떻게 생각하는지 들어 보고,
나는 죽음을 어떻게 생각하는지 적어 보세요.

다나에게 죽음이란
더 이상 누군가를 볼 수 없는 것 이다.

왜냐하면, 삐약이가 하늘나라로 간 뒤 한 번도 못 봤기 때문이다.

나에게 죽음이란

                                                                         이다.

왜냐하면,

                                                                      때문이다.

죽음 **69**

"산다는 것은 서서히 태어나는 것이다."
— 생텍쥐베리 (프랑스, 작가)

"보람 있게 보낸 하루가 편안한 잠을 가져다 주듯이 값지게 쓰여진 인생은 편안한 죽음을 가져다 준다."
— 레오나르도 다빈치 (이탈리아, 예술가)

비하인드 스토리

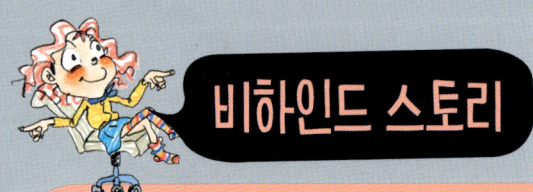

차이와 차별

EBS 스쿨랜드
〈여자는 남자보다 힘이 세면 안 될까?〉

여자는 남자보다 힘이 세면 안 돼?

운동장을 지나가는데 제 앞으로 축구공이 날아왔어요.
그래서 있는 힘껏 아이들이 있는 쪽으로 공을 차 줬죠.
그런데 여자애가 뭐 그리 힘이 세냐며 놀려대더라고요.
여자는 힘이 세면 안 되나요?
남자는 되고, 여자는 안 되는 거라도 있는 건가요?

남자보다 힘이 세다고 놀림당한 날

아침 등굣길, 학교 운동장에서 남자 아이들이 축구를 하고 있었어.

찬우가 헛발질을 하는 바람에 내 앞으로 축구공이 날아왔지.

야! 받아.

야, 무슨 여자애가 힘이 그렇게 세냐?

왜? 여자는 힘세면 안 돼?

나는 찬우보다 공을 더 잘 차는데, 축구는 항상 남자 아이들끼리만 하더라고.

옷에 달린 단추 위치의 비밀

딩동댕동!

쉬는 시간을 알리는 종이 울렸어. 현우네 반 아이들은 우르르 화장실로 달려갔지. 현우도 서둘러 화장실로 들어갔어.

그런데 변기 앞에서 지퍼를 내리던 현우는 순간 얼굴이 빨개지고 말았지. 바지 속의 팬티가 너무 낡았다는 사실을 깨달은 거야.

'옆에 선 애들이 내 팬티는 안 봐야 하는데……'

현우는 친구들의 눈치를 살피며 다급히 소변을 보고 화장실을 나와 버렸지.

'여자애들 화장실에는 칸막이가 있으니까 얼마나 좋아. 속옷 걱정할 필요도 없고 말이야. 서서 누는 변기에도 칸막이가 있으면 좋을 텐데……'

화장실을 나오던 현우는 손뼉을 탁 쳤지.

"그래, 변기 칸막이! 그걸 만들어 달라고 하는 거야!"

다음 시간은 마침 일주일에 한 번 열리는 학급회의 시간이었어. 현우는 당당히 손을 들고 큰 소리로 말했어.

"안건 있습니다! 남자 화장실의 소변기에 칸막이를 설치해 달라고 학교에 건의하는 건 어떨까요?"

남자 아이들은 까르르 웃음을 터트렸어.

"뭐? 칸막이? 현우 너, 여자애들처럼 왜 갑자기 부끄러워해? 칸막이가 왜 필요하냐?"

"큭큭큭! 현우는 계집애처럼 부끄럼 탄데요!"

순간 현우의 얼굴은 홍당무처럼 빨개지고 말았지.

그러자 선생님이 탁자를 탁탁 두드렸어.

"애들아, 그런 말이 어디 있니? 왜 여자들만 부끄러움을 느낀다고 생각하는 거야? 그건 아주 성차별적인 말이구나."

"성차별이요?"

"그래! 부끄러움이 많다는 건 남자와 여자 문제가 아니잖아. 그저 사람마다 성격이 달라서 생기는 차이인 거지. 남자도 부끄러움을 많이 탈 수 있고, 여자 아이들 중에도 부끄러움이 없는 친구들도 있는 거잖아. 사람마다의 그런 성격 차이는 당연히 인정을 해 줘야 하는 거고 말이야."

선생님의 말씀에 깔깔대던 남자 아이들은 입을 꼭 다물어 버렸지.

그런데 반에서 똑똑하기로 유명한 담이가 고개를 갸웃거리며 말했어.

"선생님, 차별과 차이는 다른 건가요?"

"물론 다르지. 차별이란 건 주로 강자가 약자를 업신여겨서 하는 행동이라고 할 수 있거든. 예를 들어, 옛날 사람들은 여자는 어리석다면서 집에서 일만 하고 학교에는 못 가게 했어. 남자들은 똑똑하기 때문에 학교에서 배우고 사회에 나가 일을 하는 거라고 여겼지."

선생님 말에 여자 아이들은 고함을 내질렀어.

"말도 안 돼요! 그건 정말 여자에 대한 차별이라고요!"

선생님이 입고 있던 재킷을 벗어서 거기 달린 단추를 보여준 건 그때였어.

"이 단추에도 남자와 여자에 대한 차별이 숨어 있단 걸 혹시 아니?"

"정말요? 무슨 차별요?"

의아한 표정의 아이들을 향해 선생님은 이야기 하나를 들려주었어.

"여자 옷과 남자 옷은 단추가 달려 있는 위치가 달라. 단추는 중세 시대에 만들어진 발명품인데, 당시에 남자 옷에는 단추를 스스로 채우기 쉽도록 오른쪽에 달아 두었지. 그런데 여자 옷은 왼쪽에 단추를 단 거야. 여자들은 누군가가 도와주어야만 단추를 채울 수 있다고 생각하고 채워주는 사람이 편하도록 왼쪽에 단 거지. 남자들은 단추를 스스로 채울 수 있지만, 여자들은 독립적이지 못하니까 당연히 혼자서 단추를 채울 수 없다고 생각한 거야."

선생님의 설명에 아이들 사이에선 여기저기 말도 안 된다는 얘기들이 터져나왔지.

"세상에나! 그때 사람들은 여자들을 바보라고 생각했나 봐. 기분 나빠!"

"남자인 내가 생각해도 그건 너무 했다! 확실히 차별이네! 차별!"

선생님은 고개를 끄덕이며 웃었어.

"그래! 이제 차이와 차별이 뭔지 좀 알겠니? 서로 다른 차이는 인정해야하지만, 불평등한 차별은 옳지 않은 거야."

개구쟁이 훈이가 손을 번쩍 든 건 그때였어.

"그럼, 남녀 똑같이 평등하게 하자! 여자 화장실에도 남자 화장실 변기처럼 칸막이를 없애는 거야. 어때?"

훈이의 말에 여자 아이들이 비명을 질러댔지.

"으아악! 말도 안 돼!"

고개를 절레절레 젓던 선생님은 단호한 표정으로 훈이를 보았어.

"훈이는 아직도 선생님 말뜻을 이해하지 못했구나. 여자 화장실이 전부 칸막이로 되어 있는 건 남자와 여자의 차이를 인정한 데서 생긴 문화야. 여자들은 남자와 신체 구조가 다르잖아. 그런 차이는 인정하고 배려해

차이와 차별

줘야지. 무슨 말인지 이젠 알겠니?"

그제야 훈이는 고개를 끄덕이며 웃었어.

"아하! 이제 알겠어요. 현우처럼 개방된 화장실을 불편하게 생각하는 것도 성격적인 차이라는 거잖아요. 그럼 차이를 인정해 주는 의미에서 남자 화장실의 소변기 중에 몇 개는 칸막이를 설치하는 것도 좋은 방법 아닐까요?"

선생님도 미소를 지으며 말했지.

"아하! 그것도 좋은 방법이구나. 내일 교무 회의 때 그 의견을 말해볼게."

현우도 훈이를 보며 활짝 웃었어.

"훈이야, 좋은 방법을 찾아줘서 고마워!"

수울렁테스의 철학특강

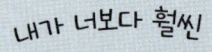
내가 너보다 훨씬 공을 잘 찬다고!

축구를 잘하는 다나가 축구부에서 과연 환영받을 수 있을까?

여자애가 무슨 축구냐며 핀잔을 주었던 찬우는 '여자가 하는 일'과 '남자가 하는 일'이 다르다고 생각한 것 같아.

남자와 여자는 분명 많은 차이가 있지. 하지만 오늘은 남자와 여자가 얼마나 다른가가 아니라 그 '차이'로부터 비롯되는 '차별'에 대해 이야기하려고 해.

남자 셔츠의 단추 위치와 여자 셔츠의 단추 위치는 다르지. 그런데 그 위치가 말해주는 의미를 잘 들여다봐야 해. 남자는 스스로 단추를 채울 수 있지만, 여자는 다른 누군가가 꼭 단추를 채워줘야 한다는 건 과거의 생각이지. 그런 생각 때문에 여자들은 많은 차별을 받게 되었어.

과거의 여자들은 공부를 깊이 있게 할 수도 없었고, 대학에 가거나 사회의 리더가 될 수도 없었지. 여자가 똑똑할 수 있다는 것, 사회를 이끌어 갈 수 있다는 것을 인정하지 않은 거야.

그런데 말이야, 음식 만들기나 옷 만들기처럼 과거에 여자의 일이라고 여겨졌던 분야에서조차 리더는 남자였다는 사실을 알고 있니? 유명한 디자이너나 유명 호텔의 주방장은 모두 남자들이었지. 이렇게 여자의 일이라고 생각하면서도 리더는 남자가 해야 한다는 생각이 일반적이었어.

오늘날은 과거에 비하면 여자라서 할 수 없는 일들이 점점 줄어들고 있어. 여자 군인, 여자 의사, 여자 소방관, 여자 대통령까지……. 또 반대로 예전에는 여자들이 하는 일이라고 생각했던 분야에서 활동하는 남자들도 많아졌지. 남자 간호사, 남자 메이크업 아티스트, 남자 승무원처럼 말이야. 성별이 아니라 자신의 관심과 실력에 따라 선택하는 폭이 넓어진 거야.

남자와 여자의 몸은 확실히 달라. 하지만 다르다고 해서 안 된다고 하는 건 차별이지. 차이는 인정해 주고, 차별은 하지 않는 것! 그게 바로 평등한 사회로 가는 첫 단추가 아닐까?

 다나는 남녀 간에 있을 수 있는 차이와 차별 모두 경험했어요. 나도 그런 경험이 있나요?

다나가 경험한 차별은 여자가 축구를 좋아하고 힘이 세다고 핀잔을 들은 것 이다.

- 내가 경험한 차별은

  이다.

- 내가 경험한 차별은

  이다.

내가 경험한 차이와 차별에 대해 적어 보고,
차이와 차별을 제대로 구분할 수 있는지 알아 보아요.

> **다나가 경험한 차이는** 여자이기 때문에 칸막이가 있는 화장실을 이용하는 것 이다.

- 내가 경험한 차이는

  　

  　　　　　　　　　　　　　　이다.

- 내가 경험한 차이는

  　

  　　　　　　　　　　　　　　이다.

"여성들은 남성들이 할 수 있는 걸 하려고 태어난 게 아니라 그들이 할 수 없는 걸 하려고 태어난 거다."
– 덴젤 워싱턴 (미국, 배우)

"차이는 인정한다. 차별은 도전한다."
– 박웅현 (한국, 광고전문가)

비하인드 스토리

EBS 스쿨랜드
〈말하지 않아도 알 수 있을까?〉

말하지 않아도 알 수 있다고?

찬우는 처음 보는 사람들 마음도 척 보면 알 수 있대요.
흥! 1학년 때부터 같은 반이었던 내 마음은 하나도 모르면서.
그런데 우리 엄마는 신기하게 내가 말을 안 했는데도
내 마음을 척척 알고 있는 것 같긴 해요.
정말, 말하지 않아도 알 수 있는 걸까요?

찬우가 나를 자꾸 따라 한 날

다나의 일기

쌍둥이 형제의 특별한 경험

마커스와 알렉스는 쌍둥이야. 어릴 때부터 붙어 다니며 사이좋게 지낸 형제였지.

지금은 어른이 되었기 때문에 각자 떨어져 지내지만 서로를 생각하는 마음은 한결같았어.

마커스와 알렉스는 마음도 아주 잘 통했지.

"날씨가 추운데 알렉스가 감기에 걸린 건 아닐까? 전화를 해 보자."

형 마커스가 전화를 하면 동생은 깜짝 놀라 대답했지.

"형, 나도 막 전화를 하려던 참이야. 형이 감기에 걸리진 않았는지 걱정이 됐거든."

"그래? 우리 둘이 똑같은 생각을 했네. 쌍둥이라서 그런가? 하하하!"

떨어져 살면서도 두 사람은 늘 이렇게 서로를 생각했던 거야.

그러던 어느 날 밤, 마커스와 알렉스는 아주 특별한 경험을 하게 되었어.

"으아아!"

갑자기 형 마커스의 가슴이 찌를 듯이 아파 왔어. 마커스는 가슴을 부여잡으며 걱정했어.

"이상하네. 왜 이유 없이 가슴이 아픈 거지? 혹시 알렉스도 어디 아픈 거 아닐까?"

마커스는 곧바로 동생 알렉스가 사는 어머니의 집으로 전화를 걸었어.

"어머니, 알렉스에게 별일 없나요?"

늘 걸려오는 안부 전화려니 생각하며 어머니는 대수롭지 않게 전화를 받았어.

"별일 없는데? 걱정 말고 그만 자렴."

"이상해요. 자꾸 가슴이 아프고 불안한 걸 보면 알렉스에게 무슨 일이 생긴 것 같아요."

마커스는 불안해했지만 어머니는 그런 아들을 안심시키며 전화를 끊었어.

"걱정 말거라. 알렉스는 곧 무사히 들어올 거야."

그런데 20분 뒤 어머니는 다급한 전화를 받게 되었지 뭐야.

"혹시 알렉스 씨 집인가요? 여긴 병원인데요, 알렉스 씨가 오토바이 사고로 실려 왔어요. 어서 병원으로 와 주세요."

어머니는 가슴이 철렁했지.

어머니는 그제서야 마커스가 했던 말을 떠올렸어.

마커스가 통증을 느꼈던 바로 그 시간에 동생 알렉스는 사고를 당해 길바닥에 쓰러져 있었던 거야.

"세상에나! 이 두 아이 사이에는 정말 텔레파시라도 통하는 걸까?"

어머니는 당장 마커스에게 전화를 했고, 동생이 입원한 병원으로 함께 달려갔지.

다행히 알렉스는 큰 위기 없이 무사히 치료를 마칠 수 있었어.

그리고 얼마 뒤, 쌍둥이 형제 사이에 있었던 신기한 일은 여러 사람에게 알려졌고, 금세 화제가 되었지.

마커스와 알렉스의 사연은 신문에도 실리고 방송에도 나오게 되었어.

방송을 본 사람들은 궁금증이 점점 커졌지.

"정말 쌍둥이들에게는 텔레파시가 있는 걸까?"

"뭔가 통하는 게 아닐까? 이 쌍둥이에게 신기한 능

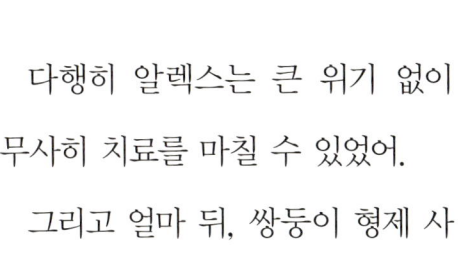

력이 있는 건지도 몰라."

전문가들은 쌍둥이 형제 마커스와 알렉스가 겪은 특별한 경험에 대해 이렇게 설명했지.

"쌍둥이 형제 사이에 생긴 일은 정말 신기한 경험이지요. 그런데 이런 일은 꼭 쌍둥이들 사이에서만 일어나는 것은 아니랍니다."

이탈리아의 유명한 신경심리학자인 리촐라티 교수는 우리 뇌 속에 아주 신기한 작용을 하는 신경세포가 있다는 걸 알아냈어. 이름하여 '거울 뉴런!'. 바로 이 거울뉴런에 의해 오랜 시간 함께한 사람들 사이에서는 종종 이런 신기한 일들이 벌어진다는 거야.

리촐라티 교수는 원숭이에게 다양한 동작을 시켜보면서 우리 뇌의 신경 조직인 뉴런이 어떻게 활동하는가를 관찰했지.

그런데 어느 날, 매우 흥미로운 사실을 발견했지 뭐야.

"세상에! 다른 원숭이가 하고 있는 행동을 보기만 하고 있는데도 자신이 움직일 때와 똑같이 반응하는 신경세포들이 있네!"

즉, 남이 어떤 행동하는 걸 바라보기만 할 때도 내가 그 행동을 할 때와 똑같은 신경세포 반응이 일어난다는 거야. 우리의 머릿속은 그 두 행동을 똑같이 받아들인다는 거지.

그래서 이 신경세포는 '거울뉴런'이라고 불리게 되었어. 상대방을 마치 거울처럼 비추는 신경세포라는 의미지.

전문가들의 설명을 들은 마커스와 알렉스는 기분 좋게 웃었어.

"아하! 우리는 태어나서부터 늘 서로의 행동을 보고 자랐잖아. 그러니까 남들보다 거울뉴런이 더 발달을 했나봐. 그래서 말로 하지 않아도 서로의 마음을 잘 아는 걸 거야. 하하하!"

"그래! 너하고 난 거울을 보는 것처럼 닮았으니까. 하하하!"

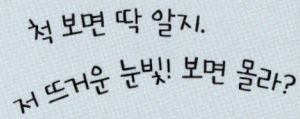

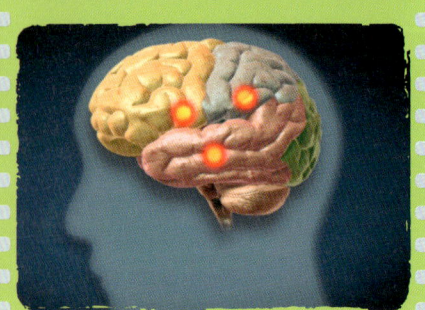

옆 사람이 하품을 하면, 나도 모르게 하품이 나올 때가 있지?

아픈 사람을 보면 나도 똑같이 아픈 것처럼 느껴질 때도 있고 말이야. 이런 게 모두 다른 사람이 느끼는 걸 나도 똑같이 느끼도록 하는 우리 머릿속의 '거울뉴런' 때문이라고 해.

우리가 굳이 말하지 않아도 상대방의 마음을 알 수 있는 것 역시 비슷한 일이야. 거울뉴런은 우리에게 아주 중요한 능력을 가져다 주었지. 바로 다른 사람의 마음을 자신의 마음처럼 이해하고 느끼는 공감 능력이야.

만약에 사람들 사이에 공감하는 능력이 없다면 어떻게 될까? 아마 다른 사람을 이해하지 못해서

만날 다투고, 미워하는 힘든 세상이 될 거야.

그런데 말이야, 가끔은 다른 사람들이 내 마음을 몰라주는 것 같아 마음이 상할 때가 있지 않니? 다나가 찬우에게 서운함을 느꼈던 것처럼 말이야. 특히 가장 가까운 사이인데도 서로 공감하거나 이해하지 못해서 툴툴거리게 되는 사람이 있지. 그게 누굴까?

그래! 바로 엄마야.

"아휴! 우리 엄마와는 정말 말이 안 통한다니까! 날 너무 이해 못해!"

엄마와는 가장 많은 시간을 함께 보내면서도 이렇게 투덜거리는 친구들이 많거든. 대체 왜 그런 걸까?

그건 아마도 서로 경험하는 시간이 달라서일 거야.

엄마도 나처럼 똑같이 초등학교 학생일 때가 있었지만 그건 아주 오래 전에 일이거든. 그리고 지금 함께 겪고 있는 일도 초등학교 학생인 내가 느끼는 것과 엄마 나이에서 느끼는 것은 다를 수 있어.

그러니까 지금은 엄마를 이해하기 힘들어도, 우리가 엄마 나이가 되면 엄마 마음을 공감하게 될지도 모르지.

가까운 가족이나 친구일수록 이해하고 공감하려고 노력하는 일! 그게 바로 '쌍둥이 형제의 기적'을 만들어낼 수 있는 신비한 힘이 아닐까?

다나와 속울렁테스 사이에는 말하지 않아도 척 하면 알 수 있는 것이 있어요. 반면에 말하지 않으면 절대 알 수 없는 것도 있지요.

다나는 속울렁테스가 말하지 않아도 언제 기분이 가장 좋은지 알고 있다.

- 나는 (　　　　　　　)가 말하지 않아도

  ┌─────────────────────────┐
  │   │
  └─────────────────────────┘

  를(을) 알고 있다.

- 나는 (　　　　　　　)가 말하지 않아도

  ┌─────────────────────────┐
  │   │
  └─────────────────────────┘

  를(을) 알고 있다.

다나의 이야기를 들어 보고, 나는 친구가 말하지 않아도
알고 있는 것은 무엇인지, 그리고 친구가 나에게 말해 줬으면 좋겠다고
생각하는 것은 무엇인지 적어 보세요.

다나는 속울렁테스가 언제 기분이 나쁜지 말해 줬으면 좋겠다.

- 나는 (　　　　　)가

  　

  를(을) 말해 줬으면 좋겠다.

- 나는 (　　　　　)가

  　

  를(을) 말해 줬으면 좋겠다.

"사람이 사람을 배우는 것은 눈이나 지능을 통해서가 아니라 가슴을 통해서이다."
— 마크 트웨인 (미국, 소설가)

"진정한 공감이란 혼신을 다해 상대의 말을 들어주는 것이다"
— 장자 (중국, 사상가)

비하인드 스토리

자아

EBS 스쿨랜드
〈나다운 나란 무엇일까?〉

나다운 게 대체 뭐야?

찬우가 내 일기장을 빼앗아 읽더니,
심각한 글이 나답지 않다며 자꾸 놀려댔어요.
빽! 소리를 지르고, 버럭! 화를 내야 다나답다나요?
하지만 나도 생각에 잠길 때가 있다고요.

어떤 게 정말 나다운 걸까요?

'나답지 않다'는 말을 들은 날

우리 엄마의 진짜 모습

"어서 가야해! 늦겠다!"

소희는 서류 봉투를 챙겨들고 서둘러 집을 나섰어. 한 시간 안에 엄마네 회사로 가서 서류 봉투를 전해 드려야 하거든.

조금 전 하굣길에 소희는 휴대전화로 엄마의 연락을 받았지. 무척 다급한 목소리였어.

"소희야, 오늘 회사에서 엄마가 발표를 해야 하는데, 그 내용이 담긴 서류를 집에 두고 왔지 뭐니. 지금 그것 좀 가져다 줄래? 예전에 몇번 와 봤으니까 혼자 찾아올 수 있지?"

"네, 알았어요! 그 정도 심부름이야 충분히 할 수 있죠!"

소희는 집으로 달려가 서류 봉투를 들고서는 서둘러 다시 집을 나왔어. 그리고 얼른 지하철역으로 갔지. 엄마네 회사는 지하철을 타고서 일곱 정거장만 지나면 되거든. 지하철 역을 나와 조금 걸어가니 금세 엄마의 회사가 보였어.

"소희야, 고마워! 다행히 발표 시간 전에 와 줬네."

엄마는 소희를 보고 무척 고마워했지.

"여기서 잠깐 기다려. 발표하고 금방 올게. 그때 같이 퇴근하자."

엄마는 다급히 회의실로 들어갔어.

그런데 소희는 기분이 조금 이상했어. 멋진 정장을 입고서 회의실로 들어가는 엄마 모습이 어쩐지 낯설었거든. 집에서 보던 엄마는 늘 편한 옷차림에 헝클어진 머리로 있었으니까 말이야.

'오늘은 엄마가 좀 멋져 보이는걸.'

소희는 씽긋 웃고는 회의실 옆으로 걸어갔어. 마침 회의실 문이 살짝 열려 있었지. 소희는 열린 문틈으로 회의실 안을 들여다볼 수 있었어.

"우리 회사의 내년 프로젝트는 바로……."

많은 사람들 앞에서 발표를 하는 엄마의 모습이 보였어. 아주 당당하고 멋져 보였지.

'엄마한테 저런 모습도 있었나?'

소희는 어쩐지 어깨가 으쓱했어. 발표가 끝나고 회의실을 나온 엄마를 향해 소희는 엄지손가락을 척 내밀었지.

"엄마! 아주 멋있었어요!"

엄마는 빙그레 웃더니 가방을 챙겨들며 말했어.

"오늘 저녁엔 엄마 친구들과 동창 모임이 있어. 너도 같이 가자. 맛있는

거 먹을 거니까 거기서 함께 저녁 먹으면 돼."

"정말요? 그럼 엄마 친구들도 보겠네요?"

"그래. 너 어릴 때 보고는 못 봤으니까 다들 반가워할 거야."

엄마의 동창 모임 장소는 회사 근처였어. 엄마의 친구들은 소희를 반겨주었지.

"소희가 벌써 이렇게 큰 거야?"

"우와! 정말 예쁘게 컸구나!"

소희는 또다시 어깨가 으쓱해졌지.

그런데 이번에도 소희는 기분이 이상했어. 옆에서 친구들과 한창 이야기를 나누고 있는 엄마 모습은 회사에서 본 엄마 모습과는 또 달랐거든. 고등학교 친구들을 만나서인지 해맑게 웃는 모습이 꼭 학생 같은 거야.

집으로 오는 길에 소희는 엄마에게 말했어.

"엄마는 회사에서 일을 하실 때랑, 친구를 만났을 때, 그리고 집에 있을 때 모습이 다 다른 것 같아요. 어떤 게 진짜 우리 엄마 모습이에요?"

엄마는 빙그레 웃었어. 그러더니 하늘에 둥실 뜬 달을 보며 이야기하시는 거야.

"소희야, 저 달을 좀 봐. 얼마 전까지는 반달이었는데, 어느새 보름달이 됐네. 그럼 저 달의 진짜 모습은 뭘까?"

소희도 달을 보며 고개를 갸웃거렸지.

"정말! 어느새 둥근 보름달이 됐네요. 반달일 때도 있었고, 초승달일 때도 있었는데……. 달도 모습이 자꾸 바뀌는 거 같아요. 엄마처럼 말이에요."

하지만 엄마는 고개를 저었어.

"아냐, 사실 달은 모습이 바뀌지 않아. 늘 같은 모습 그대로지. 하지만 태양과 달, 지구의 위치가 달라지면서 우리 눈에 보이는 달의 모습이 달라지는 거란다. 실제로 달은 그대로인데, 어디서 누가 보느냐에 따라 달라 보이는 거지."

순간 소희는 학교에서 과학 시간에 배운 내용을 떠올렸어.

"맞아요. 학교에서 배운 적이 있었어요. 달은 원래 동그란 모양인데, 위치에 따라 달라 보인다고. 초승달, 상현달, 보름달……. 이런 식으로 말이에요."

"그래. 엄마 모습도 그런 거야. 회사에서 보는 엄마 모습이 조금 다른 거고, 친구들과 있는 엄마 모습이 또 달라 보이는 거지. 하지만 엄마는 여전히 늘 똑같은 소희 엄마인 거야. 이렇게!"

엄마는 소희를 꼭 안아주었어.

"엄마도 오늘은 소희가 달라 보이던 걸. 집에서는 철 없는 꼬마 숙녀인 줄만 알았는데, 서류 봉투를 들고 당당하게 나타난 소희를 보니까 아주 멋지더라고!"

소희도 엄마를 부둥켜안으며 활짝 웃었어.

"히히! 제가 좀 멋지긴 하죠!"

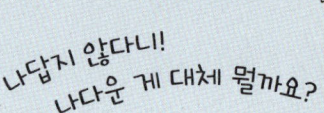

찬우가 다나의 일기장을 보고 놀린 날, 다나는 문득 궁금해졌어.

'나는 고민도 많고, 여러 가지 생각에 잠길 때가 많은데……. 찬우는 항상 나를 장난만 치는 친구로 생각하는 것 같아. 진짜 내 모습은 뭘까?'

친구들도 때로는 '너답지 않다'거나 혹은 '역시 너답다'라는 말을 들을 때가 있지?

'다른 사람이 생각하는 나'와 '내가 생각하는 나'가 달라서 혼란스러울 때도 있을 거야. 나는 혼자서도 척척 잘하는 것 같은데, 엄마는 항상 어린애 취급하면서 잔소리하실 때가 있는 것처럼 말이야.

나다운 건 대체 뭘까?

달의 모습이 다르게 보이는 것처럼 때에 따라

내 모습이 달라 보이는 것은 어쩌면 당연한 걸지도 몰라.

친구들과 함께 있을 때의 다나는 부모님 앞에서 귀여운 딸이었던 다나와는 다르지. 그리고 선생님 앞에서 학생으로 있을 때의 다나는 또 다를 거야. 그렇다고 그때마다 다른 아이가 되는 건 아니야. 상황이나 주변 사람들에 따라 말투와 행동이 자연스럽게 달라질 뿐이거든.

오래 전, 덴마크의 철학자인 키에르케고르도 다나와 같은 고민을 했어.

"내 안에 진짜 내가 정말 있는 것일까? 진짜 나는 어떻게 발견할 수 있을까?"

키에르케고르는 우리가 뭔가 슬퍼하거나 희망을 잃었을 때, 진짜 자기 자신을 찾을 수 있을지도 모른다고 생각했지. 행복하고 즐거울 때는 그걸 느끼느라 고민할 겨를이 없거든. 그래서 이런 말도 남겼어.

"중요한 건, 고통 속에서 진짜 내가 누군지 고민하면서 자신을 찾아가려는 노력이다."

내가 누구인지, 나다운 게 뭔지 아직 잘 모르겠다고? 그럼, 다나처럼 나만의 일기를 적어보는 건 어떨까. 아무한테도 보여주지 말고, 자기만 보는 일기를 써 보는 거야. 그러면 일기를 쓰는 동안 미처 몰랐던 진짜 나와 만나게 될지도 모르거든.

자아 **109**

 다나가 생각하는 자신의 모습과 속울렁테스가 생각하는 다나의 모습은 달랐어요.

내가 생각하는
다나는 날씨 이다.
왜냐하면, 맑았다가 눈비도 왔다가 추웠다가 더웠다가 하는 날씨처럼 늘 기분이 변하기 때문이다.

내가 생각하는

나는 _____ 이다.

왜냐하면,

때문이다.

두 사람의 이야기를 들어 보고,
내가 생각하는 나와, 나와 가장 친한 친구가 생각하는
나의 모습을 적어 보세요.

속울렁테스가 생각하는
다나는 두통약 이다.

왜냐하면, 머리가 아플 때 시원하게 해결해
주는 두통약 같은 친구이기 때문이다.

내 친구 (　　　　)가 생각하는
나는 　　　　　　　　　　　　 이다.

왜냐하면,

　　　　　　　　　　　　　　　　때문이다.

자아 **111**

"그대가 그대 자신에 대해서 생각하는 것이야말로
다른 사람이 그대에 대해서 생각하는 것보다 훨씬 중요하다."
— 세네카 (로마, 철학자)

"인생은 자신을 찾는 것이 아니라 자신을 만들어 가는 것이다."
— 죠지 버나드쇼 (영국, 작가)

비하인드 스토리

인식

EBS 스쿨랜드
〈눈으로 본 것은 모두 진짜일까?〉

보이는 게 전부가 아니라고?

눈앞에서 토끼가 사라지는 신기한 마술을 구경했어요.
마술사가 속임수라도 쓸까 싶어 눈을 부릅뜨고 있었는데
대체 어디로 사라진 걸까요?
똑똑히 보고 있었는데,
내 눈이 잘못 보기라도 한 걸까요?

눈앞에서 토끼가 사라진 날

신기한 마술쇼가 펼쳐진다기에 구경을 하러 갔어.

슬쿨랜드 마술쇼

거기 꼬마!

내 마술쇼의 주인공이 될 행운을 주겠어!

와~ 재미있겠는데.

자~ 이 토끼가 뿅! 사라지는 마술을 할 거다.

에이~ 무슨 속임수를 쓰시려고~

모자 속에 있는 토끼를 사라지게 한다니, 당연히 믿지 않았지.

툭

자, 내 머리카락 한 가닥~

난, 절대 속지 않을 자신 있어! 이 모자만 뚫어지게 보고 있을 거라고!

꼬마 머리카락도 한 가닥!

우리 눈이 보여주는 착각!

찬우네 반에선 오늘 아주 재미난 수업이 있었어. 담임 선생님이 특별한 동영상을 보여준 거야.

"얘들아, 오늘은 재미난 실험을 하나 해 보자. 지금부터 내가 동영상 하나를 틀어줄 거야. 하버드대학의 다니엘 사이먼스 교수님이 했던 실험을 그대로 옮긴 동영상이지. 이제부터 이 화면을 잘 보고, 흰 옷을 입은 사람들이 공을 몇 번 패스하는지 맞혀 봐!"

선생님이 동영상 버튼을 누르자, 화면 속에는 검은 옷을 입은 사람 3명과 흰 옷을 입은 사람 3명이 등장했어. 이 사람들은 농구공을 주고받기 시작했지.

아이들은 모두 두 눈을 동그랗게 뜨고서 흰 옷을 입은 사람들이 공을 패스하는 모습을 지켜봤어.

그리고 패스하는 숫자를 함께 세었지.

"하나! 둘! 셋! 넷! 다섯! 여섯! 일곱……."

농구공 패스가 모두 끝난 순간 아이들은 고함쳤어.

"스물!"

선생님은 고개를 끄덕였지.

"딩동댕~ 정답입니다!"

아이들은 모두 우쭐한 표정으로 재잘거렸어.

"역시 내 눈은 예리하단 말이야."

"난 한번 딴 생각하다가 놓칠 뻔했어. 휴우!"

"선생님, 다 맞혔는데 선물은 없나요?"

그러자 선생님은 고개를 살짝 갸웃거리며 말했지.

"얘들아, 그런데 화면 속에서 혹시 이상한 거 못 봤니?"

"이상한 거요? 뭐요?"

"내가 보기에는 고릴라가 있었던 거 같거든."

아이들은 그럴 리 없다는 듯 모두 손사래를 쳤어.

"아니에요! 고릴라는 없었어요."

"저도 못 봤어요. 틀림없이 사람들만 있었다고요. 확실해요!"

선생님은 동영상 버튼을 다시 한번 누르며 말했어.

"그럼 확인을 해 보자꾸나. 이번에는 공은 보지 말고, 화면 전체를 보는 거야."

그런데 정말 놀라운 일이 벌어졌지 뭐야. 화면을 뚫어져라 쳐다보던 아이들은 동영상 중간 부분쯤에서 깜짝 놀라며 비명을 질러댔지.

"으악! 고릴라다!"

"정말 고릴라가 있네!"

검은 옷을 입은 사람 한 명이 나가자, 대신 검은 고릴라가 등장하는 모습이 보였던 거야.

아이들은 모두들 놀라 입을 쩍 벌린 채 어리둥절했어.

"이상하다! 조금 전에는 왜 고릴라를 못 본 걸까? 정말 집중해서 보고 있었는데 말이야."

아이들이 의아해하는 사이, 선생님은 또 다른 영상 하나를 틀었어.

"이번엔 큐브가 하나 나올 거야. 윗면과 앞쪽면 중에서 정확히 색깔이 같은 부분이 있단다. 그 색을 찾아봐."

아이들은 단단히 각오를 했지.

"이번엔 꼭 정답을 맞힐 테야!"

그런데 막상 영상 속의 큐브를 보자 모두들 인상을 찡그리고 말았어.

"에이! 없는 거 같은데요?"

"맞아요! 앞면은 대부분 어두운 색이고, 윗면은 다 밝은 색이잖아요."

다들 아무리 봐도 같은 색을 찾지 못했던 거야.

하지만 동영상 속에서 답이 나온 순간, 아이들은 깜짝 놀랐어.

"어머나! 정말 같은 색이 있었네!"

선생님은 기다렸다는 듯 설명을 해주었지.

"화면 속의 것은 같은 색인데, 주변 색들이 다르다 보니 같은 색인데도 다르게 보였던 거야. 이런 걸 착시 현상이라고 하지."

"착시 현상이요?"

"그래, 이런 현상을 또 하나 보여줄게."

이번 동영상에선 테이블 두 개가 나타났지.

"이건 스탠퍼드대학의 로저 셰퍼드 교수님 연구실에서 한 실험이야. 여기 두 개의 탁자가 있는데 이 둘의 크기는 같을까? 다를까?"

순간 아이들은 두 가지 의견으로 나뉘었어.

"저건 분명히 다른 거지. 누가 봐도 다르잖아."

"아냐! 무슨 속임수가 있을 거 같아. 크기가 같은 테이블일 거야. 하지만 착시현상인가 뭔가 하는 거 때문에 또 우리가 헷갈리고 있는 거지."

찬우는 특히 확신에 찬 표정으로 소리쳤어.

"우리 눈에 지금 두 테이블은 다르게 보여. 그러니까 오히려 같은 걸 거야. 난 지금 내 눈을 믿을 수가 없거든."

우왕좌왕 아이들은 헷갈린다는 듯 고개를 내저었지.

그러자 선생님은 빙그레 미소를 지으며 말했어.

"딩동댕! 찬우가 정답이야. 이 둘은 같은 탁자란다. 다른 각도에서 바

라본 것뿐이지. 이 탁자를 있는 그대로 보고 싶어도 그대로 볼 수 없는 것! 그게 우리 인간의 한계란다."

순간 찬우는 환호성을 질렀어.

"우와! 어쨌든 맞혔다!"

그런데 아무리 다시 봐도 탁자는 달라 보였어. 그럼 두 눈으로 똑똑히 보고 있는 것들이 사실이 아닐 수도 있다는 걸까?

찬우는 한숨을 푹 내쉬었지.

"아휴! 세상이 다 거짓말 같아!"

그리고는 울상을 지으며 선생님을 향해 소리쳤어.

"선생님! 결국 우리가 아무리 제대로 보려고 해도 볼 수 없는 것이 있단 거잖아요. 세상이 너무 복잡해요!"

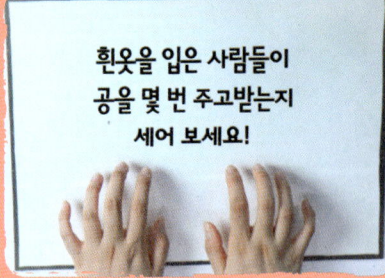

어떤 일을 놓고 누가 맞는지 친구와 말다툼을 벌일 때 가장 강력한 말이 뭘까?

바로 '내가 봤어!'라는 말일 거야. 직접 봤다는 것보다 더 확실한 증거는 없을 테니까 말이야.

그런데, 찬우네 반 선생님이 틀어준 동영상을 본 사람이라면 이런 의문을 갖게 되지 않을까?

"저 친구가 눈으로 봤다는 걸 진짜 믿어도 되는 걸까? 혹시 착시현상은 아니었을까?"

우리의 눈으로 본 것도 전부 다 믿을 수 있는 사실은 아니란 걸 깨닫게 된 거지.

고릴라 실험에서 찬우네 반 아이들이 처음부터 고릴라를 보지 못한 이유는 뭘까? 바로 보고 싶은 것만 보았기 때문이야. 찬우네 반 아이들은 '하얀 공이 패스되는 모습'만 보려고 했거든. 그리고 '큐브 실험'은 주변 색깔과의 차이 때문에 생긴 착시 현상이었지. 같은 색이라도 주변의 색깔에 따라 다른 색으로 보일 수 있다는 걸 미처 몰랐던 거야.

우리가 이렇게 착각해서 보는 일들은 대체 왜 생기는 걸까? 연구자들은 이런 착시 현상도 필요해서 일어나는 일이라고 말하지.

고릴라 실험은 우리가 주변에 있는 것들을 못 보는 대신 한 가지 일에 집중할 수 있는 능력을 갖게 되면서 생긴 현상이라는 거야. 그리고 큐브의 색깔을 잘못 보는 일은 우리가 어두운 곳에서 색깔을 제대로 인식할 수 있도록 하기 위해 생겨난 현상이라고 하지. 결국 착시 현상은 쓸모없는 착각이 아니라는 거야.

우리가 보는 것, 듣고, 느끼는 것들은 모두 실제와는 다를 수 있어. 그렇게 생각하면 세상이 모두 거짓말처럼 보일 거라고?

물론 그럴 수도 있지. 하지만 세상엔 내가 미처 못 보고 지나간 진실이 있을 수 있다는 것! 또 내가 잘못 본 것도 있을 수 있다는 것! 이런 소중한 깨달음을 얻을 수도 있지 않을까. 이렇게 항상 열린 마음을 가진다면 친구들을 대할 때도 미처 보지 못했던 친구의 장점을 더 많이 보게 될 수도 있을 거야.

나만의 철학 카드

다나는 같은 그림도 서로 다르게 보일 수 있다는 것을 알게 됐어요.

다나는 이 그림에서 **두 사람의 얼굴이 마주 보고 있는 모습**을 보았다.

- 나는 이 그림에서 ＿＿＿＿＿＿＿＿ 를(을) 보았다.

- 나는 이 그림에서 ＿＿＿＿＿＿＿＿ 를(을) 보았다.

다나는 아래 그림에서 무엇을 보았는지 들어 보고,
나는 보기의 그림에서 어떤 모습을 보았는지 적어 보세요.

 다나는 이 그림에서 유리잔 을 보았다.

• 나는 이 그림에서

　

를(을) 보았다.

• 나는 이 그림에서

　

를(을) 보았다.

"그들의 모습을 보지 않으려고 내가 눈을 감으면
어떤 사람들은 내가 그들에게 윙크를 한다고 생각한다."
– 칼릴 지브란 (레바논, 작가)

"곤경에 빠지는 건 뭔가를 몰라서가 아니다.
뭔가를 확실히 안다는 착각 때문이다."
– 마크 트웨인 (미국, 소설가)

비하인드 스토리

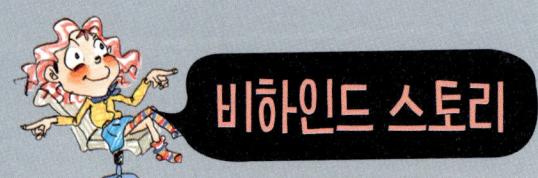